50 ACTIVITES
POUR JOUER À LA MAISON OU EN PLEIN AIR

TABLE DES MATIÈRES

Ces petits dessins t'indiquent :

• LE NIVEAU DE DIFFICULTÉ

 Facile    Moyen    Plus difficile

• L'ENDROIT OÙ SE DÉROULE L'ACTIVITÉ

 À l'intérieur    À l'extérieur

• LE NOMBRE DE JOUEURS

1 joueur (1) ou
à partir de 1 joueur (1+)

2 joueurs (2) ou
à partir de 2 joueurs (2+)

3 joueurs (3) ou
à partir de 3 joueurs (3+)

• LA CATÉGORIE

Action   Réflexion   Imagination   Adresse   Rapidité   Hasard

Direction éditoriale: Galia Lami Dozo - van der Kar
Jeux: Valérie Muszynski
Illustrations: JHS Studio
Mise en page: Florence Mayné
Relecture: Marie Sanson

LES MÉTIERS

Faire deviner un métier en le mimant.

On désigne un joueur pour être le mime.
Il choisit alors un métier dans sa tête (par exemple, boulanger, instituteur, coiffeur, gendarme, jardinier, etc...).

Puis il mime les gestes habituels utilisés dans ce métier pour le faire deviner aux autres joueurs.

Les autres joueurs font alors des propositions de métiers, autant qu'ils le souhaitent. En revanche, ils ne peuvent pas poser de questions, et le mime, lui, n'a pas le droit de leur parler.

Le joueur qui est le premier à trouver la bonne réponse devient alors mime à son tour. Et ce n'est pas si facile que ça!

LE MEMORY DES DOMINOS

Gagner un maximum de dominos.

Pour jouer, il faut :

- 1 boîte de 28 dominos.

Tout d'abord, il faut mélanger les dominos, les retourner et les étaler, faces cachées, en évitant qu'ils ne se chevauchent.
Puis on ne les bouge plus.

Ensuite, chacun son tour, les joueurs retournent 2 dominos.
Si ces 2 dominos ont une moitié identique, le joueur gagne ces 2 dominos et les enlève du jeu. Ce qui lui permet de rejouer.
Il a le droit de rejouer tant qu'il gagne.

Si tu n'as pas de dominos chez toi, tu peux en fabriquer. Avec l'aide de tes parents, découpe dans du carton 28 petits rectangles de 5 cm de long sur 2,5 cm de large. Dessine ensuite au feutre noir les 28 combinaisons possibles (du double-zéro au double-six).

Si les dominos qu'il retourne n'ont aucune moitié identique, il perd son tour, remets les 2 dominos à l'envers comme ils étaient, et le joueur suivant peut alors tenter sa chance. Et ainsi de suite.

Il faut bien se rappeler l'emplacement des dominos précédemment retournés pour gagner 2 dominos aux moitiés identiques.
La partie est finie quand tous les dominos ont été découverts, et le gagnant est le joueur qui a obtenu le plus de dominos.

LA BOÎTE À BILLES

Marquer le plus de points possible.

Pour jouer, il faut :

- une boîte à chaussures vide
- des billes.

Il faut d'abord bricoler un peu la boîte à chaussures.

Au ras du bord, il faut découper des trous de tailles différentes,
mais assez grands quand même pour pouvoir y faire entrer les billes.

Ensuite, il faut marquer un nombre sur chaque trou ;
il correspondra au nombre de points rapporté par la bille.
Par exemple, le gros trou fait remporter 1 point,
et le plus petit 10 points, car ce sera plus difficile d'y faire
entrer la bille.

Ensuite, chaque joueur prend le même nombre de billes.
Puis on définit une ligne de tir à ne pas dépasser pour lancer les billes.

Chacun à leur tour, les joueurs lancent leurs billes, les unes après les autres.
À chaque fois qu'ils réussissent à passer leur bille dans un trou,
ils notent le point qu'ils ont marqué.

Lorsque tous les joueurs ont tiré leurs billes, on fait le total des scores.
Le joueur qui a marqué le plus de points est le grand gagnant.

CHAT PERCHÉ OU CHAT COULEUR ?

Ne pas se faire attraper par le chat!

Un joueur choisit d'être le chat, les autres sont les petites souris.
Le chat doit courir après les petites souris pour les attraper.
Pour échapper au chat, les petites souris doivent se percher, n'importe où,
sur un banc, une pierre, une chaise, ou tout autre chose.

Quand le chat réussit à attraper une souris, la souris devient chat,
et le chat devient souris!

VARIANTE : CHAT COULEUR

Cette fois-ci, le chat annonce une couleur.
Vite, les petites souris ! Pour être protégées, elles doivent toucher quelque chose
de la couleur annoncée par le chat.

Le chat, ce coquin, peut changer de couleur quand il veut!
Et là aussi, quand il attrape une souris, elle devient chat, et lui devient souris!

LA PATATE CHAUDE

Ne pas se laisser piéger par la patate!

Pour jouer, il faut:

- une patate, ou alors une balle en mousse
- de la musique.

Il faut un meneur de jeu pour lancer et arrêter la musique.
Les joueurs forment un cercle. L'un d'entre eux prend la patate.

Quand la musique commence, il la donne rapidement
à son voisin de droite, comme si elle était très, très chaude.

Alors ce joueur s'en débarrasse à son tour en la faisant
passer à son voisin de droite.

Et ainsi de suite, la patate circule d'un joueur à l'autre.

Quand la musique s'arrête brusquement, le joueur qui tient
la patate a perdu, et quitte le cercle.
Le gagnant est le dernier qui reste.

Petite variante: quand il y a beaucoup de joueurs,
on peut faire tourner deux patates. Ce sera plus rigolo!!

JE PARS EN VOYAGE

Être le dernier à jouer.

Quand on part en voyage, on prépare d'abord sa valise...
et c'est fou tout ce que l'on peut emporter, n'est-ce pas?

Le premier joueur annonce: « Je pars en voyage, et dans ma valise je mets... »
et il mime alors l'objet qu'il emporte (par exemple une brosse à dents,
en faisant semblant de se laver les dents...).

Puis le deuxième joueur répète la phrase « Je pars en voyage, et dans ma valise
je mets... » et il mime alors l'objet du premier joueur et son objet à lui
(par exemple une casquette).
Et ainsi de suite, tous les joueurs doivent à tour de rôle mimer les objets
précédents dans le bon ordre, et ajouter chaque fois un nouvel objet.

Attention: le joueur qui se trompe ou oublie un objet est éliminé!
Le dernier joueur restant gagne la partie.

SAUTE-MOUTON

Sauter sur le plus de moutons possible!

Le premier joueur joue le rôle du premier mouton.

Il se tient debout, dos courbé, tête rentrée. Il peut mettre ses mains sur les genoux pour être plus stable. Alors le deuxième joueur s'élance, pose ses deux mains sur le dos du mouton, écarte bien les jambes, et saute par-dessus le mouton.

Ensuite, il va se positionner en position mouton à 3 ou 4 mètres du premier joueur. Puis c'est au tour du joueur suivant qui doit sauter par-dessus les moutons, pour prendre sa place dans la chaîne des moutons.

Le joueur qui n'arrive pas à sauter par-dessus un mouton est éliminé. Le jeu se poursuit jusqu'à ce que les moutons soient trop fatigués pour sauter.

S'il y a beaucoup de joueurs, on peut faire 2 équipes (avec le même nombre de participants).

Chaque équipe se met en rang. Le joueur qui arrive le premier en fin de chaîne fait gagner son équipe.

Petite variante : les moutons peuvent se redresser de plus en plus, pour être plus hauts, mais toujours en rentrant bien leur tête. Ce sera alors plus difficile!

LA BOMBA *

Ne pas tenir le ballon quand il explose!

Pour jouer, il faut :

- un ballon
- un foulard.

On désigne un joueur pour faire le décompte de la bombe : il sera le compteur.

Tous les autres joueurs se mettent debout en cercle. Le compteur s'assoit au milieu du cercle, et on lui bande les yeux avec un foulard.

L'un des joueurs du cercle prend le ballon.
Quand le compteur donne le top départ en disant « top »,
les joueurs se passent le ballon, de voisin à voisin.

Le compteur, pendant ce temps, compte dans sa tête plus
ou moins vite. Quand il en est à 20, il dit à voix haute « 20 ».

Quand il le souhaite (cela peut être plusieurs fois dans le jeu),
il peut changer le sens de parcours du ballon en disant « demi-tour! ».
Alors les joueurs s'échangent le ballon dans l'autre sens.

Quand il en est à 30, le compteur dit à voix haute « 30 ».
Et quand il arrive à 40, il dit « BOMBA! ».

Alors le joueur qui a le ballon à ce moment-là s'assoit par terre:
la bombe a explosé dans ses mains! Puis le jeu reprend, avec un joueur par
terre. Le jeu se termine quand il ne reste plus qu'un seul joueur debout.

* Ce jeu est très populaire en Espagne.

Il y existe même une petite variante: dans ce cas, le joueur qui a le ballon
quand la bombe explose ne s'assoit pas, il prend la place de celui qui est au centre,
et inversement.

VARIANTE : LA BOMBA INFERNALE

Ne pas tenir le ballon quand il explose, et suivre les ordres !

Voici une autre petite variante pour compliquer un peu les choses !
Il faut aussi un ballon et un foulard.

- Dans cette version, le compteur peut donner des ordres à n'importe quel moment.
L'ordre doit être exécuté jusqu'à ce qu'il soit contredit par un autre ordre.

- Par exemple :

- Le compteur dit « le pied en l'air », alors les joueurs
(sauf ceux qui sont par terre) doivent tous avoir un pied en l'air.

- Mais le compteur peut aussi dire « le saut du lapin » : les joueurs sautent
sur place comme des lapins.

- Ou encore « dans le dos » : les joueurs doivent se passer le ballon dans le dos.
- Ou bien « entre les jambes » : ils doivent se le passer entre les jambes.
- Et ainsi de suite selon l'imagination du compteur...

- Bien entendu, le compteur continue de compter... et la bombe va bientôt exploser !!!

LA PYRAMIDE

Détruire la pyramide pour gagner les billes du pharaon.

Pour jouer, il faut :

- des billes
- une craie

Tout d'abord, on trace sur le sol un cercle d'environ 30 ou 40 cm de diamètre.
Puis on désigne celui des joueurs qui sera le pharaon.

Le pharaon dépose au centre du cercle 4 de ses billes et les empile en pyramide
(1 bille sur les 3 autres).

Les joueurs s'assoient autour du cercle, suffisamment près pour pouvoir tirer
sur les billes. Le premier joueur tire avec l'une de ses billes sur la pyramide.

S'il réussit à détruire la pyramide, il empoche toutes les billes qui sortent du cercle.
Mais si sa bille reste dans le cercle, c'est le pharaon qui s'en empare immédiatement.

Et s'il ne fait sortir aucune bille du cercle, il reprend sa bille
si elle n'est pas dans le cercle et attend le prochain tour.

Et ainsi de suite, le deuxième joueur tente sa chance et essaie de viser les billes pour les faire sortir du cercle.
Le jeu s'arrête quand il n'y a plus de billes dans le cercle.
Alors un autre joueur est désigné pharaon.

Petite variante : on peut jouer plus simplement, sans dessiner le cercle.
Le pharaon empile 4 de ses billes en pyramide, et le joueur qui le premier touche la pyramide avec sa bille remporte les 4 billes et devient le nouveau pharaon.

L'HORLOGE

Reformer l'horloge avant d'avoir tiré les 4 rois.

 **Pour jouer, il faut :**

- un jeu de 52 cartes.

On dispose en rond les cartes en 12 piles de 4 cartes chacune, faces cachées, de façon à former les 12 heures d'une horloge.
Puis on dépose les 4 cartes restantes au milieu de l'horloge, également faces cachées.

Le but du jeu est de reconstituer l'horloge en mettant les cartes représentant les heures à la bonne place. Donc, une pile de 1, de 2, de 3, etc., jusqu'à 10, puis les valets pour 11 et les dames pour 12.

On commence par retourner l'une des 4 cartes du centre, on la place (face visible) sous la pile qui lui correspond et on enlève une des cartes de cette pile.

Par exemple, si la carte du centre retournée est un « 5 », on la place sous le paquet des « 5 » (soit 5 heures sur la table) et en échange on prend une carte de ce paquet que l'on met dans le paquet qui lui correspond.

Il doit toujours y avoir 4 cartes pour chaque heure.

Et ainsi de suite. Au fur et à mesure, les cartes sont ainsi placées au bon endroit... jusqu'à ce que l'on rencontre un roi.

Alors là, on pose le roi au centre de l'horloge et on prend à la place une nouvelle carte du centre... et le jeu continue.

Il faut terminer l'horloge avant que ne sortent les 4 rois, et ils sortent parfois beaucoup trop vite !

LE CORBILLON

Trouver un mot qui n'a pas encore été cité.

Les joueurs s'assoient par terre, en cercle.
Le premier joueur joint ses mains pour faire une sorte de panier et dit :

« Dans mon corbillon, qu'y met-on ? ».
Et il fait mine de passer le corbillon à son voisin de droite.

Celui-ci forme alors le corbillon avec ses mains et cite un mot
qui se termine par le son « on ».
Par exemple : un dindon, un melon, un champignon, un citron, etc.

Et ainsi de suite. Le corbillon fait le tour du cercle.
Le joueur qui ne trouve pas de mot, qui se trompe ou qui dit un mot
déjà cité est éliminé.

C'est le dernier joueur restant qui a gagné la partie.

On peut jouer avec une rime différente. Par exemple, on peut jouer à la casquette:
« Dans ma casquette, que faut-il que je mette ? » et on cherchera alors
tous les sons en « ette ». Ou alors au panier : « Dans mon panier,
que faut-il y verser ? »

PIPOPIPETTE

Remplir le maximum de carrés.

Pour jouer, il faut :

- une feuille de papier quadrillé
- 2 crayons de couleurs différentes.

On trace d'abord sur la feuille le cadre de jeu :
une grille de 6 carreaux de côté au minimum. On peut la faire
plus grande : de 7, de 8, de 9, ou de 10 carreaux (ou plus) :
plus elle sera grande, plus la partie sera longue. On peut même
prendre toute la feuille.

Puis, à tour de rôle, chaque joueur trace avec son crayon le côté
d'un des carreaux de cette grille.

Quand un joueur termine un carré par son trait, il colorie le carré
obtenu avec sa couleur (ou il peut écrire son initiale à l'intérieur
du carré). Ensuite, il peut rejouer.

Quand il ne reste plus de cases blanches dans la grille,
on compte les carrés. Le joueur qui a le plus de carrés de
sa couleur gagne la partie.

VARIANTE : LE DERNIER NOMBRE

Poser le dernier nombre sur la grille.

On trace tout d'abord la grille de jeu, un carré de 5 carreaux de côté.

Puis l'un des joueurs commence : il inscrit dans l'un des carreaux de cette grille le nombre 1.

À son tour, le deuxième joueur marque dans un carreau le nombre 2, avec ces conditions :
le nombre 2 doit être soit dans la ligne, soit dans la colonne qui contient le nombre précédemment inscrit. Et il ne doit y avoir aucun nombre entre ces 2 nombres.

Et ainsi de suite, les joueurs inscrivent les nombres les uns après les autres.
Le joueur qui inscrit dans la grille le dernier nombre possible remporte la partie et marque le nombre de points indiqués par le nombre.

Par exemple, s'il inscrit le nombre 14, il marque 14 points. Puis on continue avec une nouvelle grille.

On peut se fixer au départ le total à atteindre pour gagner le jeu.

Remarque : ce jeu peut également se jouer en solitaire,
et il faut ruser pour remplir toute la grille !
On se prend vite au jeu et il est bien difficile de s'arrêter !

LES CHAISES MUSICALES

Ne pas finir sans chaise!

Pour jouer, il faut:

- des chaises, mais une de moins que de joueurs!
- de la musique.

D'abord, on désigne un meneur de jeu qui est responsable de la musique.
Puis on dispose toutes les chaises en rond, dos à dos.
Quand la musique commence, les joueurs se mettent à tourner en rond autour des chaises.

À n'importe quel instant, le meneur de jeu peut décider d'arrêter la musique.
À ce moment-là, les joueurs doivent s'asseoir sur une chaise.

Celui qui n'a pas de chaise pour s'asseoir est éliminé (on ne peut pas être assis à deux sur la même chaise). Il prend alors l'une des chaises et s'en va dans un coin de la pièce.

Le jeu continue donc avec un joueur en moins et une chaise en moins.
Et la musique recommence...

C'est le joueur qui s'assoit le premier sur la dernière chaise qui gagne la partie.

LE CHAMBOULE-TOUT

Faire tomber toutes les boîtes!

Voici un jeu que l'on peut retrouver dans la plupart des fêtes foraines...

Pour jouer, il faut:

- 10 boîtes de conserves vides et bien nettoyées
- une balle en mousse, ou un petit ballon

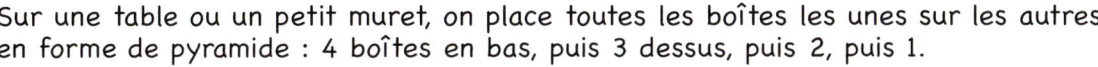

Sur une table ou un petit muret, on place toutes les boîtes les unes sur les autres, en forme de pyramide : 4 boîtes en bas, puis 3 dessus, puis 2, puis 1.

Ensuite on trace une ligne de tir à 5 grands pas de la table.
Puis chaque joueur tente de détruire la pyramide. Pour cela, il a droit à 3 lancers.

Le joueur qui réussit à faire tomber toutes les boîtes avec une seule balle marque 10 points. Celui qui les fait tomber avec 2 balles marque 5 points.
Et celui qui les fait tomber avec 3 balles marque 2 points.

Le joueur qui n'en fait tomber aucune ne marque aucun point.
La partie se joue en plusieurs manches, par exemple en 5 manches.
Celui qui a le plus de points au bout des 5 manches est le gagnant.

Petite idée: comme à la fête foraine, on peut gagner un lot, par exemple, quand un joueur réussit à faire tomber toute la pyramide, il a droit à un bonbon!

17

L'OBJET MANQUANT

Retrouver l'objet manquant.

Pour jouer, il faut :

- divers objets (une bonne dizaine, voire plus !) de toutes les formes et de toutes les couleurs...

On commence d'abord par regrouper tous les objets sur la table ou par terre.

Puis l'un des joueurs est désigné. Il regarde donc attentivement tous les objets et tente de les mémoriser.

Ensuite, il s'en va s'isoler dans un coin en tournant le dos à ses copains.
Pendant ce temps, les autres joueurs retirent 1 ou 2 objets et les cachent discrètement.

Ils autorisent ensuite le joueur à revenir.
Celui-ci doit deviner quels objets sont manquants.
S'il réussit, il désigne le joueur qui va prendre sa place au tour suivant.

Sinon, bien entendu, il a un gage !

Petite remarque : on peut compliquer un peu les choses en mélangeant les objets avant que le joueur ne revienne... Et, avec beaucoup d'objets, il faut avoir une très bonne mémoire !

LA PASSE À 10

Ne pas se faire voler le ballon!

Pour jouer, il faut :

- un ballon bien sûr

Les joueurs se partagent en 2 équipes et s'écartent sur le terrain.

Le plus grand lance le ballon en l'air, très très haut.
Le joueur qui l'attrape doit crier « 1 » et le lancer
à l'un de ses coéquipiers. Celui-ci doit l'attraper et dire « 2 ».

Puis à son tour il le lance à un autre camarade, lequel doit attraper
le ballon en criant « 3 ». Et ainsi de suite.

Les joueurs de la même équipe doivent s'échanger le ballon et arriver
jusqu'à 10.
L'autre équipe, elle, doit tout faire pour s'emparer du ballon.

Si elle réussit, les joueurs doivent se faire des passes jusqu'à 10.
L'équipe qui la première atteint 10 gagne la partie.
Si la balle tombe ou est prise par l'autre équipe, il faut recommencer à 1.

Petite variante :
on peut simplifier le jeu en ne comptant pas le nombre de passes.
Tant qu'une équipe a le ballon, les joueurs se font la passe jusqu'à ce que
les joueurs adverses interceptent le ballon.
Le jeu s'arrête quand les joueurs sont trop fatigués !

JOUE OU PAIE

Perdre le moins de jetons-bonbons !

Pour jouer, il faut :

- 52 cartes
- des jetons, ou mieux, un paquet de petits bonbons, et un bol.

On distribue toutes les cartes aux joueurs, ainsi que 20 jetons à chacun et on pose le bol sur la table.

Puis le premier joueur (par exemple le plus jeune) pose une carte sur la table, celle qu'il veut.

Le joueur suivant doit poser à son tour la carte qui a la valeur juste au-dessus. Les cartes doivent être étalées en colonnes de 13 cartes chacunes.

Par exemple, si le premier joueur a mis une dame, le deuxième joueur doit mettre un roi, qu'importe la couleur.

Puis c'est au tour du troisième joueur qui doit poser un as, etc., et ainsi de suite jusqu'à faire une série de 13 cartes.

Après le roi, la carte qui vient est donc un as, puis un 2, etc.

Quand un joueur ne peut pas poser de carte, il doit payer un jeton dans le bol.

Et quand une série de 13 cartes est terminée, on continue avec une autre série : le joueur suivant pose la carte qu'il veut et ainsi de suite.

On peut ainsi réaliser 4 colonnes de 13 cartes.

C'est le joueur qui pose le premier sa dernière carte qui gagne la partie : il remporte alors tous les jetons déposés dans le bol.

Et quand ce sont des bonbons, ça vaut le coup d'être le gagnant !

CHAUD OU FROID ?*

Retrouver l'objet caché en suivant les indications
« chaud » ou « froid ».

Le joueur qui a le rôle de chercheur ferme les yeux pendant
que le meneur de jeu en profite pour cacher un objet.

Quand l'objet est bien caché, le meneur de jeu,
assisté des autres joueurs non chercheurs, indique au chercheur
si la direction qu'il prend est chaude ou froide.

Si le chercheur va dans une mauvaise direction, le meneur lui dit
« froid » ou « très froid », s'il s'éloigne vraiment beaucoup,
ou encore « glacial » s'il est vraiment trop loin.

En revanche, si le chercheur va dans la bonne direction, le meneur
dit alors « chaud » ou « très très chaud » ou encore « brûlant »,
quand il est vraiment tout près de l'objet à trouver.

Le chercheur a gagné quand il a trouvé l'objet.
Alors un autre joueur prend sa place et devient chercheur à son tour.

* Ce jeu est très courant en Pologne.

LE MEILLEUR CHEMIN

Atteindre le premier la ligne d'arrivée.

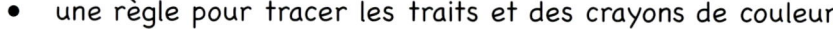

Pour jouer, il faut:

- du papier quadrillé
- une règle pour tracer les traits et des crayons de couleur.

Départ
Arrivée
Gagné

On trace sur le papier quadrillé une forme avec un contour fermé, comportant toutefois une ligne de départ et une ligne d'arrivée, cette forme sera la zone de jeu (voir modèle ci-contre à gauche).

Le premier joueur commence: il note (avec son crayon de couleur) son point de départ sur la ligne de départ et trace un trait jusqu'à son prochain point en suivant toujours soit une ligne horizontale, soit une ligne verticale, soit une diagonale au travers des carreaux.

Il peut tracer un trait du nombre de carreaux qu'il souhaite. Il doit juste faire attention, car au tour suivant il devra poursuivre son chemin en avançant d'un carreau de plus ou de moins qu'au tour précédent. Par exemple, s'il avance de 3 carreaux, au tour suivant il pourra avancer de 2 ou de 4 carreaux.

Le trait ne doit jamais toucher la frontière de la zone de jeu, ni même la franchir. Un joueur ne peut s'arrêter sur une case où un autre joueur s'est déjà arrêté. Puis c'est au tour du deuxième joueur de faire de même avec une autre couleur. Ainsi à tour de rôle, les joueurs tracent leurs chemins, qui peuvent se croiser et s'entrecroiser.

Le joueur qui atteint le premier la ligne d'arrivée (il faut s'arrêter exactement dessus) gagne la partie.

Remarque : plus la zone de jeu définie au départ est biscornue, plus le jeu sera ardu et rigolo! Et plus il y a de joueurs, plus il est difficile de trouver son chemin!

VARIANTE : BLOQUÉ !

Tracer son chemin le premier ou bloquer son adversaire.

Les rouges ont gagné !

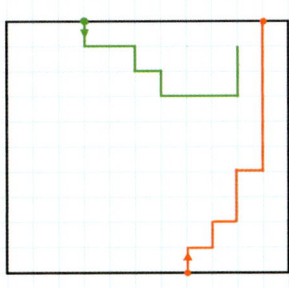

On délimite sur le papier quadrillé une zone de jeu rectangulaire. Mais mieux vaut définir une zone assez petite.

Chaque joueur prend le crayon de couleur de son choix et définit son point de départ sur l'un des côtés de la zone de jeu. Son objectif étant de tracer un chemin allant de ce côté au côté opposé.

Le premier joueur commence en traçant son premier trait sur le côté d'un carreau. À son tour, le second joueur fait de même sur un autre carreau.

Puis, à tour de rôle, les 2 joueurs construisent leur chemin en avançant à chaque fois d'un carreau, toujours horizontalement ou verticalement, et sans jamais traverser le chemin adverse. Au contraire, il faut tenter de stopper l'adversaire, en le bloquant, afin qu'il ne puisse plus avancer.

Le joueur qui réussit le premier à atteindre sa ligne d'arrivée gagne la partie.

LE BATEAU, LE CAPITAINE ET LE MATELOT

Construire sa flotte et parcourir la distance la plus grande.

Pour jouer, il faut :

- 5 dés
- un papier et un crayon.

Une flotte, c'est un bateau, un capitaine et un matelot.

Pour construire sa flotte, chaque joueur doit d'abord faire un 6 (qui correspond au bateau), puis ensuite un 5 (pour le capitaine) et enfin un 4 (pour le matelot).

À chaque tour, le joueur a droit à 3 lancers des 5 dés.

Au premier lancer, si le joueur ne fait pas 6, il relance alors tous les dés, même s'il a un 5 ou un 4. S'il fait un 6, il met ce dé de côté : ça lui donne le bateau. S'il a aussi un 5 (le capitaine), il met aussi ce dé de côté et lance les dés qui restent. Mais s'il a un 4 (le matelot), sans avoir eu de 5 (le capitaine), il ne peut pas mettre le 4 de côté, il est obligé de relancer.

À la fin de ses 3 lancers, le joueur note ses résultats : s'il a réussi à construire sa flotte, avec un 6, puis un 5 et enfin un 4, il fait alors la somme des deux derniers dés : cela correspond à la distance parcourue par sa flotte.
Mais s'il n'a pas réussi à construire sa flotte, il se note un 0 !

La partie se joue en plusieurs manches, que l'on définit au départ : par exemple, on peut déclarer que la partie se fera en 6 manches.

Le gagnant est celui qui a parcouru la plus grande distance en fin de partie.

L'APPEL AU BALLON

Réagir assez vite et rattraper la balle!

 Pour jouer, il faut:

* un ballon.

On désigne un joueur pour être le lanceur.
Les autres joueurs se mettent debout et forment un cercle.

Le lanceur, lui, tourne autour du cercle avec le ballon dans les mains.

Tout à coup, sans prévenir, il lance le ballon en l'air et crie en même temps le nom de l'un des joueurs.
Celui-ci doit réagir très vite, quitter sa place et se précipiter pour attraper le ballon avant qu'il ne touche le sol.

S'il réussit, il échange sa place avec le lanceur.
Sinon, il retourne dans le cercle.

Et le jeu se poursuit ainsi...

LE CADAVRE EXQUIS

Inventer tous ensemble une histoire farfelue!

Pour jouer, il faut:

- 1 feuille de papier
- des crayons... et beaucoup d'imagination!

D'abord, il faut un meneur de jeu, qui va diriger l'histoire.
Il pose ainsi une question au premier joueur, par exemple: « Qui? »

Le premier joueur répond à la question en inscrivant sa réponse sur la feuille.

Ensuite il plie la feuille de telle sorte que le joueur suivant ne puisse
pas lire ce qu'il vient d'écrire.
Puis c'est au tour du deuxième joueur de répondre à la question que lui pose
le meneur ; par exemple: « Que fait-il? »

Il note alors sa réponse sur la même feuille et replie lui aussi la feuille pour cacher
sa réponse. Puis vient le tour du joueur suivant. Et ainsi de suite.
Ainsi, chaque joueur va répondre aux différentes questions posées par le meneur
de jeu, sans connaître les éléments de l'histoire imaginés par ses camarades.

Quand tous les joueurs ont écrit quelque chose, le meneur prend la feuille, la déplie,
et lit l'histoire inventée par tout le monde... En essayant de ne pas trop rigoler!

Les questions posées par le meneur peuvent être, dans l'ordre:
Qui? Que fait-il? Avec qui? Où? Quand? Pourquoi?... et bien d'autres!

VARIANTE : LE CADAVRE EXQUIS DESSINÉ

Dessiner tous ensemble un personnage rigolo et inattendu!

Pour commencer, le joueur le plus âgé plie une feuille en 4 parties égales.
Puis il numérote chaque partie de 1 à 4. La partie 1 sera pour la tête et le cou,
la partie 2 pour le torse et les bras, la partie 3 pour le bassin et les jambes
et la partie 4 pour les pieds.

Le premier joueur dessine la tête et le cou du personnage (ou de l'animal)
dans la partie 1, en prenant soin de faire dépasser quelques traits du cou
dans la partie 2, toujours sans montrer son dessin à ses voisins.
Ensuite, il plie la feuille. Son voisin dessine le torse et les bras du personnage
à partir de ces traits et laisse lui aussi quelques traits dépasser dans la partie
suivante. Puis il replie la feuille et la donne au joueur suivant. Et ainsi de suite,
les joueurs se passent la feuille et dessinent chacun une partie du personnage,
ignorant les dessins déjà réalisés. Quand la dernière partie est dessinée,
on déplie entièrement la feuille, dévoilant ainsi l'étrange personnage!

Petite remarque : s'il y a plus de 4 joueurs, chaque joueur prend une feuille
pliée en 4 et numérotée comme précédemment. Chacun dessine la tête
et le cou d'un personnage (ou d'un animal).
Puis les joueurs passent à leur voisin la feuille pliée et ainsi de suite.
Les feuilles circulent et les personnages se construisent.

LE MENTEUR

Mentir sans être pris!

Pour jouer, il faut :

- un jeu de 32 cartes ou de 52 cartes.

On distribue toutes les cartes entre les joueurs.
Ils les regardent, mais ne les montrent pas.

Puis le premier joueur commence : il annonce une couleur et pose
sa carte face retournée contre la table, sans la montrer.
Donc, soit cœur, trèfle, carreau ou pique.

À partir de cet instant, les autres joueurs doivent jouer une carte
de la couleur annoncée, ou faire semblant s'ils n'en ont pas.
Quand un joueur dépose une carte (face cachée),
n'importe quel autre joueur peut à tout moment l'accuser
d'être un « menteur » et déclarer que sa carte
n'est pas de la bonne couleur.

Alors le joueur accusé de mentir doit retourner la carte qu'il vient de déposer.

Si cette carte ne correspond pas à la couleur annoncée, il doit ramasser
dans son jeu toutes les cartes déjà posées.
Sinon, c'est celui qui le traite de menteur qui ramasse tout le tas de cartes.

Puis le joueur qui a pris le tas de cartes dépose à nouveau une carte
en annonçant une nouvelle couleur. Et ainsi de suite.
Le joueur qui le premier n'a plus de cartes en main est le grand gagnant...
ou le plus grand menteur !

LE RANGE-TOUT

Ne plus avoir de boules de papier dans son camp.

Pour jouer, il faut :

- beaucoup de feuilles de papier journal.

On commence par faire des boules avec les feuilles de papier journal. Attention : il en faut énormément !
Puis on partage le terrain en 2 camps.

Les joueurs se répartissent ensuite en 2 équipes égales ; chaque équipe choisit un camp. Puis on éparpille dans chaque camp autant de boules de papier que dans l'autre.

Ensuite les joueurs rejoignent leur camp.
Un meneur de jeu donne le top départ. Les joueurs lancent alors les boules de papier dans le camp adverse.

Quand le meneur de jeu donne le top de fin de jeu, les joueurs doivent arrêter de renvoyer les boules de papier.

On compte les boules de chaque camp : l'équipe qui en a le moins dans son camp a gagné la partie. Et le jeu peut reprendre !

Petite variante : on peut également jouer à ce jeu avec des balles.
Mais dans ce cas la règle du jeu est de les faire rouler, sans les lancer en l'air.

LE MARCHÉ DE PADI-PADO

Ne pas se faire piéger et rapporter du marché les bonnes courses!

Les joueurs s'assoient par terre, en cercle.
On désigne le joueur qui va commencer.
Il s'adresse alors à son voisin de droite et lui demande:
« Je vais au marché de padi-pado, que vais-je pouvoir rapporter? »

Le joueur questionné doit répondre sans hésiter par un mot qui ne contient aucun « i »
et aucun « o » (pas de i ; pas de o : padi-pado!).

S'il répond correctement, il interroge à son tour son voisin de droite, en lui posant
la même question, mais la réponse doit bien sûr être différente.

Et ainsi de suite, en faisant le tour du cercle. Quand un joueur se trompe, il est éliminé.

Le jeu s'arrête quand il ne reste plus qu'un joueur : c'est lui le grand gagnant et celui qui rentre
le plus chargé du marché!

Petite variante : on peut compliquer un peu le jeu en limitant le temps de réponse. Par exemple,
le joueur interrogé a 5 secondes pour répondre, sinon il est éliminé ! Cette version-là va très vite,
alors attention à ne pas paniquer!

LAPINS-CHASSEURS

Ne pas se faire attraper par les chasseurs!

Pour jouer, il faut:

- une balle en mousse de préférence ou une balle molle et une craie.

On commence d'abord par tracer avec la craie sur le sol un cercle assez grand pour que tous les joueurs sauf un puissent s'y déplacer sans se bousculer.

Puis on désigne l'un des joueurs pour être le chasseur : c'est à lui que revient la balle.
Tous les autres joueurs se mettent alors dans le cercle : ce sont les lapins.

Le chasseur doit lancer la balle sur les lapins pour les toucher.
Les lapins, quant à eux, doivent bouger dans tous les sens pour éviter d'être touchés.

Quand un lapin est touché, il devient un chasseur.
Alors il se met avec le chasseur et tous deux essaient de toucher les lapins, toujours avec la balle.

Le jeu est terminé quand il ne reste plus de lapins!

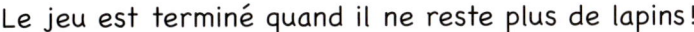

LE SÉBASTOPOL

Être le premier à poser tous ses dominos.

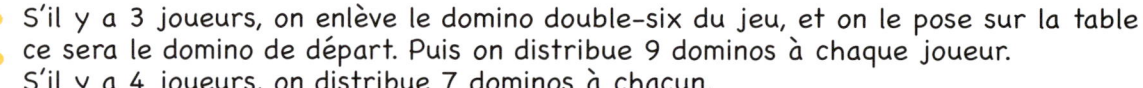

Pour jouer, il faut :

- 1 boîte de 28 dominos.

S'il y a 3 joueurs, on enlève le domino double-six du jeu, et on le pose sur la table : ce sera le domino de départ. Puis on distribue 9 dominos à chaque joueur.
S'il y a 4 joueurs, on distribue 7 dominos à chacun.
Celui qui a le double-six commence le jeu et le pose sur la table.
S'il y a 3 joueurs, c'est le plus jeune qui commence.

Si tu n'as pas de dominos chez toi, tu peux en fabriquer. Avec l'aide de tes parents, découpe dans du carton 28 petits rectangles de 5 cm de long sur 2,5 cm de large. Dessine ensuite au feutre noir les 28 combinaisons possibles (du double-zéro au double-six).

Les 4 premiers dominos posés doivent être posés autour du double-six de façon à former une croix. Tant que la croix n'est pas formée, on ne peut pas déposer d'autres dominos.

Ensuite, une fois la croix formée, les joueurs, à tour de rôle, posent leur domino en suivant la règle classique, en accolant les moitiés identiques. Le gagnant est le joueur qui est le premier à poser tous ses dominos.

LES PINGOUINS SUR LA BANQUISE

Tenir le plus longtemps possible sur la banquise qui fond.

Pour jouer, il faut :

- des feuilles de papier journal et de la musique.

On commence par préparer la banquise : les feuilles de papier journal sont étalées par terre, les unes contre les autres, pour former la banquise.

Le meneur de jeu lance la musique : alors les petits pingouins (tous les autres joueurs) se promènent dans l'eau glacée (là où il n'y a pas de feuilles).

Soudain, quand la musique s'arrête, tous les pingouins rejoignent la banquise en courant. Puis la musique reprend, mais la banquise a fondu : le meneur de jeu retire une feuille de papier.

À chaque fois que la musique s'arrête, les petits pingouins doivent retourner sur la banquise et se serrer de plus en plus pour tenir tous ensemble sur la banquise ! Car plus la musique passe, plus la banquise fond, et moins les petits pingouins ont de place...

Quand la banquise est trop petite pour accueillir tous les pingouins, le jeu est terminé. À ce jeu, il n'y a ni gagnant ni perdant. Les pingouins doivent s'entraider pour tenir sur la banquise.

33

LE SOLITAIRE*

Éliminer le plus possible de pions du plateau.

Pour jouer, il faut:

- du papier quadrillé
- 36 pions (par exemple des petits cailloux ou des boutons)

On reproduit d'abord la grille ci-dessous (celle du haut) sur la feuille quadrillée.

Ensuite, on place dans les cases les 36 pions en laissant une case vide au milieu de la grille.

On peut commencer à jouer, en prenant les pions les uns après les autres.
Un pion peut en prendre un autre en sautant par-dessus celui-ci, mais à condition de pouvoir se placer juste derrière ce pion, dans une case vide.

Un pion ne peut pas se déplacer autrement qu'en prenant un autre pion.
Les prises ne se font que verticalement et horizontalement, jamais en diagonale.

Tout pion pris est enlevé du plateau.

Attention! Il faut bien réfléchir, car on peut rapidement être « coincé » et ne plus pouvoir prendre de pions! Ce n'est pas si facile!

*Cette version est la version française du solitaire.

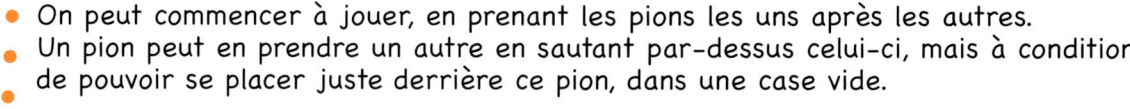

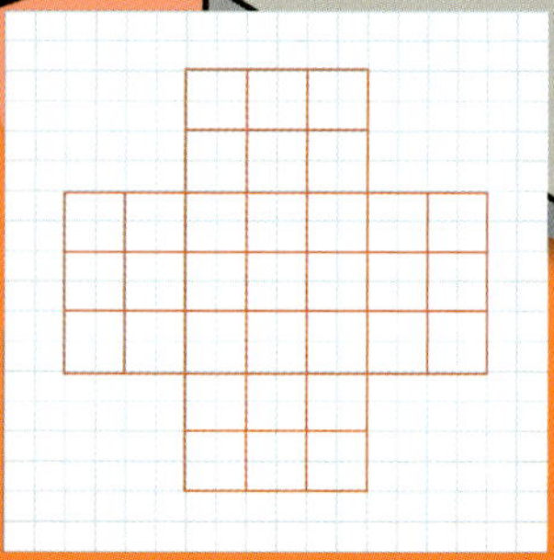

Dans la version anglaise: on utilise 32 pions et une grille différente (voir grille ci-contre, à gauche).
Le jeu se déroule de la même façon: les pions sont positionnés dans les cases (sauf la case du milieu) et il faut en prendre le plus possible en suivant toujours les mêmes règles.

VARIANTE : LE RENARD ET LES OIES

Le renard doit croquer toutes les oies et les oies doivent encercler ce filou de renard !

Pour jouer, il faut :

- reprendre la grille du solitaire anglais
- 17 pions d'une couleur (ce seront les oies)
- 1 pion d'une autre couleur (ce sera le renard) :
  on pourra par exemple prendre 17 petits cailloux et un bouton.

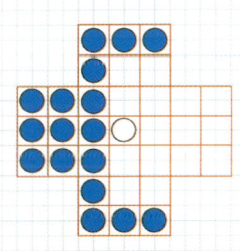

On positionne tout d'abord les pions sur la grille, comme indiqué. Ce sont les oies qui commencent.

Le joueur qui joue avec les oies avance l'une de ses oies sur une case libre juste à côté de celle où elle se trouve. Les oies avancent toujours d'une case en avant, ou sur le côté, mais jamais en arrière ni en diagonale.

Puis c'est au renard de jouer. Le renard peut se déplacer dans tous les sens, mais uniquement d'une case à la fois.

Il peut manger une oie en lui sautant par-dessus et en se posant juste derrière elle sur une case libre. Le renard peut aussi manger plusieurs oies en même temps, à condition qu'il y ait une case libre entre chacune des oies.

Les oies remportent la partie quand le renard est immobilisé entre elles, et qu'il ne peut plus en manger !

Et le renard gagne quand il ne reste plus assez d'oies pour l'encercler.

TIPOTER

Deviner le mot choisi par le joueur.

Un joueur est désigné pour faire deviner un mot.
Il choisit donc dans sa tête un verbe d'action.
Par exemple « marcher », « sauter », « chanter »,
« courir », « jouer de la trompette », « faire du canoë »,
« monter à cheval », etc.

Les autres joueurs doivent deviner cette action en posant
des questions qui utilisent le mot « tipoter ». Par exemple :
– Est-ce que l'on est dans l'eau quand on tipote ?
– Est-ce qu'en tipotant on fait du bruit ?
– Est-ce qu'on tipote en marchant ?
– etc.

Le joueur questionné ne doit normalement répondre
que par « oui » ou par « non ».

Suivant les âges des joueurs, il peut cependant donner quelques indices,
pour que ce soit plus facile.

Quand le mot est deviné, c'est au tour de celui qui a deviné de faire
deviner un autre mot. Et le jeu continue...

On se prend vite au jeu, car c'est toujours rigolo de tipoter !

LA CHANDELLE

OU LE MOUCHOIR.

Ne pas être la chandelle!

Pour jouer, il faut :

- un mouchoir ou un foulard

Les joueurs s'assoient par terre en cercle, l'un d'eux tient dans sa main un mouchoir. Ce dernier se lève et tourne autour du cercle pendant que les autres chantent une chanson.
Discrètement, il va déposer le mouchoir derrière un deuxième joueur et retourner à sa place laissée vide.

Si le deuxième joueur s'en rend compte, il doit se lever et poursuivre le premier pour l'attraper avant qu'il ne rejoigne sa place.
S'il y parvient, il se rassoit à sa place et le premier joueur recommence à tourner autour du cercle avec le mouchoir.
S'il n'y parvient pas, il prend alors le rôle du premier joueur. Et s'il ne se rend pas compte qu'il a le mouchoir dans le dos, alors il devient la « chandelle » et se poste au centre du cercle. Il ne sera délivré que lorsqu'un autre joueur deviendra à son tour la chandelle.

LE GARÇON DE CAFÉ

Prendre la commande correctement, sinon attention aux gages !

 **Pour jouer, il faut :**

- 1 feuille de papier et un crayon

On désigne un joueur pour être le garçon de café.
Il prend la feuille de papier et le crayon et s'en va dans un coin.

Les autres joueurs s'assoient autour d'une table et se mettent à discuter, comme les clients d'un café.

Laissant son papier et son crayon, le garçon de café revient.

Il écoute attentivement la commande de chaque joueur,
car il doit toutes les mémoriser en détail.
Il retourne dans son coin et note cette fois-ci la commande de chaque client.

Puis il revient avec son papier et, tout en faisant semblant de servir le verre, comme au café, il annonce à chacun sa boisson.

S'il se trompe dans la commande d'un client, alors celui-ci lui donne un gage :
par exemple, faire le tour de la table à cloche-pied.

Ensuite, quand tous les clients sont « servis », on désigne un autre garçon de café.

LA BALLE AU MUR

Une fois n'est pas coutume, dans ce jeu le gagnant doit avoir le moins de points possible!

Pour jouer, il faut:

* un ballon
* une craie et un mur.

D'abord, on trace à la craie, sur le mur, une ligne située à 1 mètre du sol environ. Puis on dessine par terre une ligne à 4 grands pas du mur: ce sera la ligne à ne pas dépasser.

Les joueurs peuvent se mettre en équipe et former 2 équipes.
Un joueur commence et lance le ballon contre le mur, au-dessus de la ligne.

Alors un joueur de l'équipe adverse doit attraper ce ballon sans dépasser la ligne tracée sur le sol. Puis il doit le renvoyer contre le mur, toujours au-dessus de la ligne.

À chaque faute, l'équipe reçoit un point de pénalité.
Le joueur qui renvoie le ballon sous la ligne ou qui dépasse la ligne sur le sol reçoit donc un point de pénalité.

L'équipe qui la première obtient 10 points de pénalité est la grande perdante!

LE BALLON EN FILE INDIENNE

Se passer le ballon le plus vite possible!

Pour jouer, il faut :

- 2 ballons assez similaires.

- Les joueurs se partagent en 2 équipes égales.

- Chaque équipe se met en file indienne, les joueurs les uns derrière les autres. En même temps, le premier joueur de chaque file prend un ballon.

- Puis, en levant les bras, il fait passer le ballon au-dessus de sa tête et le donne ainsi à son coéquipier situé juste derrière lui.

- De la même façon, le 2e joueur passe le ballon au 3e, par-dessus sa tête, puis le 3e au 4e, etc., jusqu'au dernier joueur qui doit quitter la file et courir, le ballon dans les mains, pour se mettre en tête de file.

- Il fait alors passer lui-même le ballon au joueur derrière lui, qui le passe au suivant, etc.

- Le jeu se termine quand le tout premier joueur redevient premier dans la file. L'équipe qui termine la première gagne la manche.

Petite variante:

on peut trouver de nombreuses variantes à ce jeu.
Par exemple, on peut se faire passer le ballon entre les jambes,
ou alors sur un côté, ou encore le garder dans les mains
en comptant jusqu'à 5. Ou bien le dernier joueur peut se rendre
au bout de la file en passant entre les jambes de ses coéquipiers.
Et le jeu va vite devenir très rigolo!

LES FEUILLES DE NÉNUPHARS

Terminer le parcours le premier.

Pour jouer, il faut :

- 6 feuilles cartonnées, que l'on peut remplacer par des cartons d'emballage (ou même par de simples feuilles de papier).

On définit d'abord un parcours : par exemple, départ à la cuisine devant le réfrigérateur, puis de là se rendre au salon, faire le tour du canapé et pour terminer, devant la porte d'entrée.

Puis les joueurs forment 2 équipes. (S'ils ne sont que deux, les joueurs jouent l'un contre l'autre.) Chaque équipe se met au départ.

Le premier joueur de chaque équipe prend 3 feuilles cartonnées et en dépose 2 par terre, l'une derrière l'autre. Puis il met un pied sur chaque feuille. Elles représentent des feuilles de nénuphars !

Ensuite il dépose la 3e feuille devant lui, lève son pied qui est derrière et le met sur cette feuille. Puis il enlève la feuille libre et la pose juste devant, et ainsi de suite. Il avance en posant ses pieds sur les feuilles de nénuphars.

Mais attention à ne pas poser un pied dans l'eau !
Quand un joueur a terminé son parcours, il donne les feuilles au joueur suivant de son équipe. Et celui-ci se lance à son tour sur les feuilles de nénuphars.

L'équipe qui la première a terminé le parcours gagne la partie.

LE WALI

Prendre les pions de son adversaire.

Pour jouer, il faut :

- du papier quadrillé et des crayons
- 24 pions de 2 couleurs différentes (soit 12 pions de chaque couleur). On peut prendre par exemple 12 petits cailloux et 12 petits bâtonnets de bois, ou encore 12 cailloux d'une couleur et 12 d'une autre couleur.

On dessine tout d'abord sur la feuille une grille de 30 cases (5 x 6).

Puis chaque joueur à tour de rôle va déposer ses 12 pions (un à chaque tour) sur la grille, en prenant bien soin de ne pas aligner plus de 2 pions, horizontalement ou verticalement.

Une fois les 24 pions posés sur la grille, on peut commencer à les déplacer.

Ainsi, à tour de rôle, les 2 joueurs peuvent bouger un de leurs pions d'une case, horizontalement ou verticalement, dans le but d'aligner 3 de leurs pions.

Quand un joueur réussit à aligner 3 de ses pions, il peut prendre un des pions de l'adversaire, n'importe lequel, en l'enlevant simplement du plateau.

Le joueur qui a pris tous les pions de son adversaire gagne la partie.

LA SCOPA*

Avoir le plus gros butin!

Pour jouer, il faut:

- il faut un jeu de 52 cartes dans lequel on aura enlevé toutes les cartes figures (rois, dames, valets).

Tout d'abord, on distribue 3 cartes à chaque joueur (ils les regardent, mais ne les montrent pas): c'est leur jeu.
Puis on pose 4 cartes faces visibles au centre de la table: c'est le tapis.
Le restant des cartes constitue la pioche.

Le premier joueur commence. Il examine son jeu ainsi que les cartes du tapis.
Et il tente de réaliser une association: c'est-à-dire que s'il additionne entre elles 1 ou 2 des cartes de son jeu, il doit trouver le même résultat qu'en additionnant 1, 2 ou 3 cartes du tapis.

S'il réussit à faire une association, il retire de son jeu et du tapis les cartes de cette association. Il retire par exemple le 6 et le 2 de son jeu et il prend un 8 du tapis. Il en fait un tas juste à côté de lui sur la table, faces cachées: c'est son butin. Par contre, s'il ne peut pas réaliser d'association, alors il retire l'une des cartes de son jeu, et la pose devant lui, face visible: c'est sa poubelle.

Quand son tour est terminé, le joueur pioche autant de cartes qu'il lui faut pour en avoir 3 dans les mains et en remet autant qu'il le faut pour qu'il y en ait 4 sur le tapis. Puis c'est au tour du joueur suivant: lui aussi tente de faire une association entre ses cartes et le tapis.
Et en plus, il a le droit d'utiliser l'une des dernières cartes mises à la poubelle par ses adversaires, en la comptabilisant avec 1 ou 2 cartes de son jeu.

Le jeu s'arrête quand il n'y a plus de pioche, ou quand les joueurs ne peuvent plus faire d'associations. Alors chaque joueur compte son butin: celui qui a le total le plus élevé remporte la partie.

Exemple de jeu :

Titi a dans ses mains les cartes 4, 5, et 7.
Sur le tapis, il y a les cartes 6, 4, 8, et 2.
Et Yaya a dans sa poubelle la carte 1.
Donc Titi peut poser les cartes 4 et 5, et prendre la carte 1 de Yaya :
ce qui fait un total de 10 (4+5+1).

Alors il peut faire un pli avec les cartes 6 et 4 du tapis, qui font aussi un total de 10.
Il met dans son butin toutes ces cartes (4,5,1 et 6,4).

*Ce jeu est inspiré de la scopa, jeu de cartes italien.

VARIANTE : L'ESCOBA*

Pour ce jeu, il faut également un jeu de 52 cartes, dans lequel on aura enlevé
toutes les cartes figures (rois, dames, valets).
Ce jeu se déroule exactement selon le même principe que la scopa,
avec cependant quelques différences :
- On considère qu'un pli est une association de cartes dont la somme fait 15.
- Les joueurs ne peuvent prendre qu'une seule carte de leur main pour réaliser un pli avec
  les cartes du tapis, ou et avec les cartes des défausses des adversaires :
  la somme de toutes ces cartes doit faire obligatoirement 15.

- Quand un joueur ne peut pas réaliser de pli, alors il doit rejeter obligatoirement
  une carte dans sa poubelle.

*Ce jeu est la variante espagnole de la scopa.

LE MOT INTERDIT

Faire dire le mot interdit.

Le joueur désigné pour être interrogé s'isole à l'écart du groupe.

En chuchotant, les autres joueurs se mettent d'accord sur un mot :
ce sera le mot interdit, qu'ils ne devront absolument pas prononcer, mais qu'ils devront
faire dire au joueur désigné.

Puis celui-ci est autorisé à revenir dans le groupe.
Alors les joueurs tentent de lui faire dire le mot interdit en lui posant des questions.

Par exemple, supposons que le mot interdit soit « chocolat ».
On peut lui demander : « Qu'est-ce que tu aimes bien, qui est sucré
et qui n'est pas un bonbon ? »

Si le joueur interrogé prononce le mot interdit,
il a perdu et doit rejouer avec un autre mot.

En revanche, s'il devine le mot interdit, il doit lever la main : à ce moment-là,
il peut dire le mot sans crainte. Mais s'il se trompe, le jeu continue
et il aura un gage à la fin de la partie.

Quand il a deviné le mot juste, il a gagné.
Il désigne alors le joueur suivant qui sera interrogé.

LA BALLE AU CENTRE

Être plus rapide que son adversaire!

Pour jouer, il faut:

* un ballon et une craie.

Tous les joueurs, sauf un qui est désigné pour tenir le ballon, forment un cercle en se tenant par la main.

Le joueur avec le ballon se met au centre du cercle et marque une croix sur le sol avec une craie.

Puis les joueurs se lâchent les mains et s'écartent de 3 grands pas en arrière.
Sans prévenir, le joueur du centre lance le ballon à l'un des joueurs du cercle et sort immédiatement du cercle.

Son camarade qui a reçu le ballon doit alors le déposer sur la croix, au centre du cercle, avant de se mettre à poursuivre le lanceur tout autour du cercle.
Le lanceur, lui, doit rentrer dans le cercle par où il est sorti, pour aller toucher le ballon posé par terre.

S'il réussit à le toucher sans se faire attraper, il prend la place de son camarade dans le cercle, et celui-ci devient le nouveau lanceur.

Mais s'il se fait attraper avant d'avoir touché le ballon posé par terre, son camarade retrouve sa place dans le cercle, et le lanceur se remet au centre pour lancer le ballon à quelqu'un d'autre.

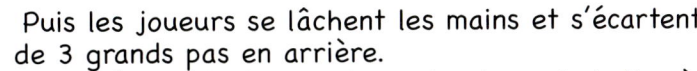

LA PHRASE SANS FIN

Terminer la longue phrase

Les joueurs s'assoient par terre, en cercle.
Le premier joueur (le plus jeune par exemple) commence alors une phrase
avec « Voici... ». Par exemple : « Voici le petit bonhomme... ».
Le deuxième joueur (on joue dans le sens des aiguilles d'une montre)
répète la phrase du premier joueur et y ajoute un élément.

Par exemple : « Voici le petit bonhomme qui mange... »
Puis le troisième joueur répète cette phrase et la complète à son tour :

« Voici le petit bonhomme qui mange à la cantine... »
Et ainsi de suite, la phrase s'agrandit au fil des joueurs.

Mais le joueur qui oublie une partie de la phrase est éliminé!
Le dernier joueur restant a gagné.

VARIANTE : QUELLE HISTOIRE !

Faire passer l'histoire de bouche à oreille

Tous les joueurs sont assis par terre, les uns à côté des autres,
formant une chaîne.
Le premier joueur chuchote dans l'oreille de son voisin le début d'une histoire.

Le deuxième joueur chuchote à son tour dans l'oreille de son voisin le début
de l'histoire qu'il a entendu et ajoute des détails.

Et ainsi de suite, l'histoire circule jusqu'à la fin de la chaîne.
Le dernier joueur se lève alors et raconte toute l'histoire à voix haute.
Et le résultat peut être très rigolo!

LE MOLKKY*

Marquer le plus de points possible.

Pour jouer, il faut :

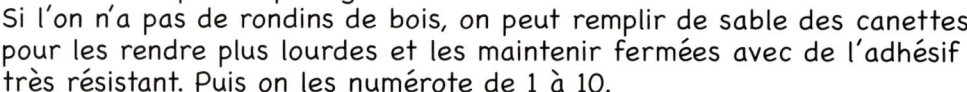

- 10 rondins de bois numérotés
- une planche de bois de forme carrée
- un bâton pas trop long.

Si l'on n'a pas de rondins de bois, on peut remplir de sable des canettes pour les rendre plus lourdes et les maintenir fermées avec de l'adhésif très résistant. Puis on les numérote de 1 à 10.

Sur la planche de bois on positionne les 10 quilles (comme indiqué sur le dessin en mettant le 10 et le 9 au centre), pas trop serrées ni trop écartées non plus.

À environ 2 ou 3 mètres de la planche, on délimite la ligne à ne pas dépasser pour lancer le bâton.
Ensuite, chaque joueur lance le bâton sur les quilles.
Quand une quille tombe toute seule, il marque le nombre porté par la quille.

Mais si plusieurs quilles tombent en même temps, il ne marque que 1 point par quille tombée.
À chaque tour, on remet les quilles exactement à leur place.
Les points sont additionnés et au bout de 5 ou 10 tours c'est le joueur qui a le plus de points qui a gagné.

* Voici un jeu de quilles scandinave.

50

CINCO MARIAS*

Être le premier à ramasser les 4 cailloux.

Pour jouer, il faut :

 • 5 petits cailloux.

Le premier joueur lance les 5 cailloux sur le sol. Puis il en ramasse un.

Il le lance en l'air. Pendant ce temps, il doit ramasser l'un des cailloux avant d'attraper celui qui est en l'air. S'il réussit, il continue. Sinon, il perd son tour et c'est au joueur suivant de tenter sa chance.

Ensuite, le joueur doit lancer le caillou et ramasser 2 cailloux avant d'attraper celui lancé en l'air. S'il réussit, il continue et tente alors de ramasser 3 cailloux avant d'attraper celui lancé en l'air. S'il réussit encore, il tente de ramasser les 4 cailloux avant d'attraper celui lancé en l'air.

Quand le joueur n'arrive pas à ramasser les cailloux, c'est à un autre joueur de tenter sa chance. Mais au tour suivant il doit recommencer tout au début, en ramassant 1 caillou, puis 2, puis 3 et enfin 4.

C'est le joueur qui réussit le premier à ramasser les 4 cailloux qui gagne la partie. Pour ce jeu, il faut être très adroit !

Remarque : on peut jouer par exemple en 5 parties gagnantes.

* Ce jeu est très populaire au Brésil.

UN, DEUX, TROIS, SOLEIL !

CE JEU EST AUSSI APPELÉ " UN, DEUX, TROIS, PIANO ".

Atteindre le premier la sentinelle sans être vu.

D'abord, on désigne un joueur pour être la sentinelle.

Il se met alors face à un mur, ou contre un arbre, et tourne le dos aux autres joueurs.
Les autres joueurs, eux, s'alignent à environ une vingtaine de pas de la sentinelle.

La sentinelle tape sur l'arbre (ou sur le mur) en disant « 1, 2, 3... soleil ».
Pendant ce temps, les joueurs avancent vers elle, chacun à son rythme.

Quand la sentinelle a fini de dire « soleil », elle se retourne. Alors les joueurs ne doivent plus
bouger. Si la sentinelle en voit un qui bouge, elle dit son nom et le renvoie au point de départ.

Celui qui réussit à atteindre la sentinelle sans être vu et à taper sur l'arbre (ou sur le mur)
en disant « soleil » a gagné. Il est nommé « sentinelle » pour le tour suivant.

VARIANTE : UNO, DOS, TRES, ZAPATITO INGLÉS !*
(QUI SE TRADUIT PAR " UN, DEUX, TROIS, PETITE CHAUSSURE ANGLAISE ! ")

Ne pas se faire attraper par la sentinelle.

Ce jeu se déroule quasiment de la même façon que le précédent sauf que quand la sentinelle tourne le dos, et tape sur le mur ou l'arbre, elle dit cette fois-ci : « Uno, dos, tres, zapatito inglés! »

Pendant ce temps, les joueurs avancent, stoppent net quand la sentinelle se retourne, juste au moment où elle a fini de dire « inglés ». Celui qui bouge est alors renvoyé au point de départ par la sentinelle.

Et quand l'un des joueurs arrive au mur (ou à l'arbre), il doit taper dessus en disant « chorizo ». C'est le signal pour tous les joueurs de retourner très vite au point de départ, car la sentinelle se met alors à leur courir après.

Le joueur qui a tapé sur le mur (ou sur l'arbre), lui, doit réagir et courir très, très vite s'il ne veut pas se faire attraper !

Celui qui se fait attraper sera la sentinelle au tour suivant.

* Ce jeu est très populaire en Espagne.

53

LA MARELLE TERRE-CIEL

Aller au ciel et revenir sur la terre sans se tromper.

Pour jouer, il faut:

- une craie
- un palet (un cailloux plat).

On dessine la marelle sur le sol, avec une craie:
la Terre, le Ciel, et les chiffres de 1 à 8.

Le joueur commence en se mettant sur la case Terre,
d'où il lance son palet sur la case 1.

Puis il saute à cloche-pied sur la case 2, puis sur la case 3,
puis il saute sur les cases 4 et 5, en posant simultanément le pied droit
sur la case 5 et le pied gauche sur la case 4.

Ensuite, il repart à cloche-pied sur la case 6, il saute sur les cases 7 et 8,
puis il arrive au Ciel à pieds joints.

Là, il se retourne, et redescend sur Terre en parcourant le chemin en sens inverse
et en n'oubliant pas de ramasser le palet.
Il continue en lançant le palet sur la case 2, puis le 3, etc.
Quand le joueur se trompe, il cède la place au joueur suivant.
Quand son tour reviendra, il reprendra la partie où il en était resté.

Sont considérées comme des fautes: poser le pied par terre alors qu'il ne le devrait pas,
poser le pied sur les lignes, lancer le palet dans la mauvaise case ou à l'extérieur du parcours.

Le gagnant est celui qui termine son parcours le premier.

VARIANTE : LA MARELLE DES NOMBRES

On dessine à la craie un grand carré divisé en 16 cases suffisamment grandes pour pouvoir s'y tenir debout à pieds joints.

Ensuite, on inscrit les chiffres dans les cases au hasard, de 1 à 16.
Le joueur saute à pieds joints sur la case 1, puis sur la case 2, etc., jusqu'à la dernière case.

Il doit essayer de parcourir toutes les cases le plus vite possible.

AUTRE VARIANTE : LA MARELLE DE LA SEMAINE

On trace sur le sol le parcours des jours de la semaine.
Le joueur se pose juste devant la case lundi et lance le palet sur lundi.

Puis, à cloche-pied, il saute dans cette case lundi, et avec son pied qui est en l'air pousse le palet dans la case mardi.
Puis il saute à cloche-pied dans la case mardi et pousse le palet dans la case mercredi. Il parcourt ainsi toutes les cases jusqu'à la case dimanche.
Au deuxième tour, il se remet en face de lundi et lance son palet sur mardi.

Et ainsi, il parcourt toute la semaine.

55

LA CUILLÈRE

Ne pas faire tomber sa balle.

Pour jouer, il faut :

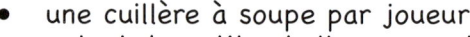
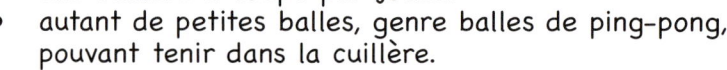

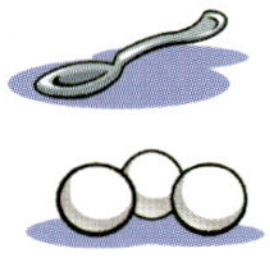

- une cuillère à soupe par joueur
- autant de petites balles, genre balles de ping-pong, pouvant tenir dans la cuillère.

On commence d'abord par préparer un petit circuit à parcourir.
Par exemple, si le jeu se fait à l'intérieur, on pourra zigzaguer entre des chaises, des tables et des coussins.

Et si le jeu se fait à l'extérieur, on pourra zigzaguer entre des arbres ou encore des pots de fleurs. Puis les joueurs prennent le départ du circuit.

Le meneur de jeu, lui, donne des instructions au fur et à mesure que les joueurs avancent.

Par exemple, il peut leur ordonner d'avancer à reculons, en faisant un pas en avant et deux en arrière, etc.

Chaque fois que la balle tombe, le joueur doit reculer de 3 pas.
Le joueur qui le premier passe la ligne d'arrivée gagne la partie.

Petite variante: on peut également jouer par équipes dans un circuit de relais.
Dans ce cas, on forme 2 équipes, chaque participant devant parcourir une partie du parcours et donner la balle à son coéquipier qui l'attend au relais suivant. Et pour compliquer les choses, le joueur qui fait tomber sa balle doit retourner au point relais.
L'équipe qui la première atteint l'arrivée a gagné.

VARIANTE : L'ÉQUILIBRE

Il s'agit en fait du jeu de la cuillère sans cuillère!

Il est ici question de transporter un objet en équilibre sans le faire tomber.

Par exemple, un livre sur la tête, un crayon ou une gomme
sur le bout du doigt, un ballon de baudruche sur une assiette,
une balle coincée entre deux baguettes, etc.

De la même façon que pour le jeu de la cuillère, on définit au départ
un circuit à parcourir et le meneur de jeu donne ses instructions
pendant le parcours.

Cette fois-ci, c'est beaucoup, beaucoup plus compliqué!!!

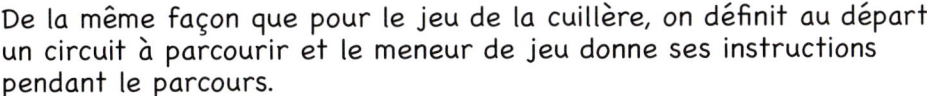

LE LOUP

Ne pas devenir le loup!

On désigne un joueur pour être le loup.
Il se met alors à courir après les autres joueurs qui détalent comme des lapins.
Si le loup touche l'un des joueurs, il crie « loup ! »,
et celui-ci devient le loup! Alors gare au loup!

VARIANTE : LE LOUP GLACÉ*

Ne pas se faire glacer par le loup!

On désigne un joueur comme étant le loup.
Comme pour le jeu précédent, le loup se met à poursuivre les autres joueurs.
Cette fois-ci, quand le loup en touche un, il crie « glacé! ».

Et le pauvre joueur glacé reste figé sur place : il n'a plus le droit de courir, à moins que l'un de ses camarades ne vienne le toucher pour le déglacer.
Dans ce cas, le joueur qui était glacé peut reprendre le jeu et courir à nouveau!

Le loup, lui, a gagné quand tous les joueurs ont été glacés...

* Ce jeu est très populaire en Russie.

VARIANTE : LE LOUP FONDU

Ne pas fondre trop vite si l'on ne veut pas se transformer en loup !

Voici une petite variante du loup glacé.

Comme pour le jeu du loup glacé, on désigne un joueur pour être le loup.

Celui-ci poursuit ses camarades. S'il en touche un, comme précédemment il crie « glacé ! ».

Mais cette fois-ci le joueur qui vient de se faire glacer se met à fondre ! C'est-à-dire qu'il va petit à petit, à son rythme, s'étaler par terre...

Si un autre joueur le touche pendant qu'il fond, il n'est plus glacé et redevient un joueur normal.

Mais si aucun joueur ne vient le déglacer, il peut fondre complètement. Et quand il est enfin étalé par terre, il se transforme en loup ! À présent, il peut à son tour poursuivre les autres joueurs pour les glacer.

Le jeu s'arrête quand il n'y a plus que des loups !

TAG-DISCO*

Ne pas se faire taguer
(« se faire taguer » signifie ici « se faire toucher »)!

On désigne au départ un joueur pour être le tagueur.

C'est donc lui qui va courir après ses camarades pour les taguer (les toucher).

Quand il tague un joueur il crie « disco! ».

Alors le joueur tagué doit se mettre à danser sur place.

Un autre joueur peut essayer de le délivrer : pour cela, il doit passer entre les jambes du joueur tagué.

Pendant ce temps, le tagueur continue à taguer tout le monde.

Et quand tous les joueurs sont tagués, la partie est terminée.

VARIANTE :TAG-ANIMAL*

Là aussi on désigne un joueur pour être le tagueur.

Il se met donc à courir après les autres joueurs pour les taguer.

Quand il touche un joueur, il nomme le nom d'un animal.

Par exemple, il crie « tigre! ». Alors le joueur touché doit se déplacer comme un tigre et imiter le cri de l'animal.

Celui-ci peut donner son tag aux autres joueurs en les touchant. Mais un joueur tagué ne peut jamais être libéré de son tag, si ce n'est pour subir un autre tag.

Quand tous les joueurs sont tagués et qu'il ne reste que le tagueur de départ, celui-ci peut se faire taguer par n'importe quel joueur. Celui qui réussit à le toucher sera le tagueur à la partie suivante.

Voilà une version du tag très rigolote et très amusante.

* Ces deux jeux viennent tout droit du Canada où ils sont très populaires.

61

L'AIGLE, LA POULE ET LES POUSSINS *

Faire en sorte que l'aigle ne mange pas tous les poussins !

On désigne d'abord un joueur pour faire la poule et un autre pour faire l'aigle.
Les joueurs restants seront les poussins.
Les poussins se mettent en file indienne derrière la poule en se tenant par les épaules.

L'aigle, lui, se met face à la poule.
Il doit essayer de toucher les poussins, mais sans jamais toucher la poule.

La poule, quant à elle, défend ses poussins en s'interposant entre eux et l'aigle.
Elle tend les bras et empêche l'aigle de les toucher.
Quand l'aigle touche un poussin, celui-ci quitte la poule et attend plus loin.

Si le premier poussin derrière la poule lâche celle-ci, alors on considère que tous les poussins sont attrapés par l'aigle.

Le jeu se termine quand l'aigle a attrapé tous les poussins.
Le dernier poussin attrapé fera l'aigle au prochain tour.

* Ce jeu est un jeu traditionnel chinois.

LES PETITS LÉZARDS

Décrocher les queues des autres lézards et garder la sienne!

Pour jouer, il faut :

- de la ficelle et une pince à linge par joueur.
  *Mais on peut aussi pratiquer ce jeu en accrochant
  tout simplement une longue écharpe à l'arrière du pantalon.*

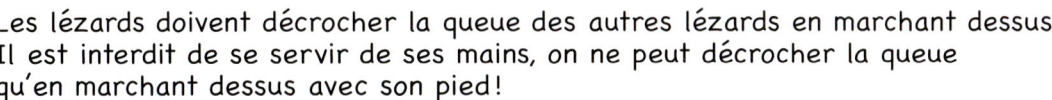

Tout d'abord, il faut que les lézards aient une queue.
Il faut donc accrocher un bout de ficelle avec une pince à linge
au bas du dos de chaque joueur. Ensuite, il faut couper la ficelle,
en prenant bien soin de laisser 30 cm environ traîner par terre.

Quand chaque petit lézard a sa queue bien en place, le jeu peut enfin commencer.

Les lézards doivent décrocher la queue des autres lézards en marchant dessus.
Il est interdit de se servir de ses mains, on ne peut décrocher la queue
qu'en marchant dessus avec son pied!

Et attention à ne pas se faire décrocher la sienne!
Les lézards qui perdent leur queue sont éliminés les uns après les autres.

Le dernier à garder sa queue gagne la partie.

LA BALLE AU PRISONNIER *

Faire sortir les prisonniers de prison!

Pour jouer, il faut:

- un petit ballon mou, ou une balle en mousse.

Sur le terrain, on dessine un grand rectangle partagé en deux : il y aura un camp pour chaque équipe. Puis derrière chaque camp on dessine une prison.

Les joueurs forment donc 2 équipes.
Chaque équipe se tient dans son camp.

L'une des équipes est désignée pour commencer.
L'un des joueurs prend le ballon et le lance
dans le camp adverse en essayant de toucher quelqu'un.

Si le ballon touche un adversaire avant de rebondir sur le sol, le joueur touché est fait prisonnier : il rejoint la prison derrière le camp adverse.

Si le ballon rebondit sans toucher de joueur, les joueurs peuvent l'attraper et tenter de faire prisonnier un joueur du camp adverse en lui lançant le ballon dessus.

Si de sa prison un prisonnier réussit à attraper le ballon, il est libéré et retourne dans son camp.

L'équipe qui n'a plus de joueurs dans son camp a perdu.

* Ce jeu s'appelle ainsi en France. Au Canada, il est très populaire sous le nom de « La cour du roi », et au Brésil les enfants y jouent sous le nom de « Queimada ».